*Recipe Book*

©2023 Elite Online Publishing
63 East 11400 South Suite #230
Sandy, UT 84070
info@EliteOnlinePublishing.com

ALL RIGHTS RESERVED

This book contains material protected under International and Federal Copyright Laws and Treaties. Any unauthorized reprint or use of this material is prohibited. No part of this book may be reproduced or transmitted in any form or by any means electronic or mechanical including photocopying, recording, or by any information storage and retrieval system without express written permission from the author/publisher.

# From the Kitchen Of

_____

_____

Date

# *Season*

Everything
with

# *Love*

# RECIPE BOOK

# RECIPE BOOK

| RECIPE | Page# | RECIPE | Page# |
|--------|-------|--------|-------|
|        |       |        |       |

RECIPE BOOK

| RECIPE | Page# | RECIPE | Page# |
|---|---|---|---|
| | | | |

| RECIPE | Page# | RECIPE | Page# |
|--------|-------|--------|-------|
|        |       |        |       |

| RECIPE | Page# | RECIPE | Page# |
|---|---|---|---|
| | | | |

| RECIPE | Page# | RECIPE | Page# |
|--------|-------|--------|-------|
|        |       |        |       |

| RECIPE | Page# | RECIPE | Page# |
| --- | --- | --- | --- |
|  |  |  |  |

| RECIPE | Page# | RECIPE | Page# |
| --- | --- | --- | --- |
| | | | |

*Every Bite Takes You*

*Home*

## ℛecipe

_____

Prep Time_____  Oven Temp._____  Cook Time_____ Serves_____

Recipe came from_____  Date_____

### 𝒥ngredients             𝒟irections

_____        _____
_____        _____
_____        _____
_____        _____
_____        _____
_____        _____
_____        _____
_____        _____
_____        _____
_____        _____
_____        _____
_____        _____

RECIPE BOOK

# $\mathcal{R}$ecipe

_____

Prep Time_____  Oven Temp._____  Cook Time_____ Serves_____

Recipe came from_____            Date_____

## $\mathcal{I}$ngredients                                     $\mathcal{D}$irections

_____          _____

_____          _____

_____          _____

_____          _____

_____          _____

_____          _____

_____          _____

_____          _____

_____          _____

_____          _____

_____          _____

_____          _____

# Recipe

_____

Prep Time_____ Oven Temp._____ Cook Time_____ Serves_____

Recipe came from_____  Date_____

## Ingredients

_____
_____
_____
_____
_____
_____
_____
_____
_____
_____
_____
_____

## Directions

_____
_____
_____
_____
_____
_____
_____
_____
_____
_____
_____
_____

## Recipe

_____

Prep Time_____  Oven Temp._____  Cook Time_____ Serves_____

Recipe came from_____      Date_____

### Ingredients

_____
_____
_____
_____
_____
_____
_____
_____
_____
_____
_____
_____

### Directions

_____
_____
_____
_____
_____
_____
_____
_____
_____
_____
_____
_____

## Recipe

_____

PREP TIME_____ OVEN TEMP._____ COOK TIME_____ SERVES_____

RECIPE CAME FROM_____  DATE_____

### Ingredients

_____
_____
_____
_____
_____
_____
_____
_____
_____
_____
_____

### Directions

_____
_____
_____
_____
_____
_____
_____
_____
_____
_____
_____

# Recipe

_____

Prep Time_____ Oven Temp._____ Cook Time_____ Serves_____

Recipe came from_____ Date_____

## Ingredients

_____

_____

_____

_____

_____

_____

_____

_____

_____

_____

_____

## Directions

_____

_____

_____

_____

_____

_____

_____

_____

_____

_____

_____

# Recipe

_____

PREP TIME_____ OVEN TEMP._____ COOK TIME_____ SERVES_____

RECIPE CAME FROM_____   DATE_____

## Ingredients

_____

_____

_____

_____

_____

_____

_____

_____

_____

_____

_____

## Directions

_____

_____

_____

_____

_____

_____

_____

_____

_____

_____

_____

## Recipe

_____

Prep Time_____  Oven Temp._____  Cook Time_____ Serves_____

Recipe came from_____  Date_____

### Ingredients

_____

_____

_____

_____

_____

_____

_____

_____

_____

_____

_____

_____

### Directions

_____

_____

_____

_____

_____

_____

_____

_____

_____

_____

_____

_____

## Recipe

_____

Prep Time_____ Oven Temp._____ Cook Time_____ Serves_____

Recipe came from_____ Date_____

### Ingredients

_____
_____
_____
_____
_____
_____
_____
_____
_____
_____
_____
_____

### Directions

_____
_____
_____
_____
_____
_____
_____
_____
_____
_____
_____
_____

## Recipe

_____

Prep Time_____ Oven Temp._____ Cook Time_____ Serves_____

Recipe came from_____ Date_____

### Ingredients

_____

_____

_____

_____

_____

_____

_____

_____

_____

_____

_____

_____

### Directions

_____

_____

_____

_____

_____

_____

_____

_____

_____

_____

_____

_____

## Recipe

_____

PREP TIME_____ OVEN TEMP._____ COOK TIME_____ SERVES_____

RECIPE CAME FROM_____  DATE_____

### Ingredients                                    ### Directions

_____  _____
_____  _____
_____  _____
_____  _____
_____  _____
_____  _____
_____  _____
_____  _____
_____  _____
_____  _____
_____  _____
_____  _____

## Recipe

_____

Prep Time_____   Oven Temp._____   Cook Time_____ Serves_____

Recipe came from_____   Date_____

### Ingredients

_____

_____

_____

_____

_____

_____

_____

_____

_____

_____

_____

_____

_____

### Directions

_____

_____

_____

_____

_____

_____

_____

_____

_____

_____

_____

_____

_____

## Recipe

_____

Prep Time_____ Oven Temp._____ Cook Time_____ Serves_____

Recipe came from_____ Date_____

### Ingredients

_____
_____
_____
_____
_____
_____
_____
_____
_____
_____
_____

### Directions

_____
_____
_____
_____
_____
_____
_____
_____
_____
_____
_____

# Recipe

_____

PREP TIME_____ OVEN TEMP._____ COOK TIME_____ SERVES_____

RECIPE CAME FROM_____ DATE_____

## Ingredients

_____

_____

_____

_____

_____

_____

_____

_____

_____

_____

_____

_____

## Directions

_____

_____

_____

_____

_____

_____

_____

_____

_____

_____

_____

_____

# Recipe

_____

Prep Time_____ Oven Temp._____ Cook Time_____ Serves_____

Recipe came from_____   Date_____

## Ingredients

_____

_____

_____

_____

_____

_____

_____

_____

_____

_____

_____

_____

## Directions

_____

_____

_____

_____

_____

_____

_____

_____

_____

_____

_____

_____

## Recipe

_____

PREP TIME_____ OVEN TEMP._____ COOK TIME_____ SERVES_____

RECIPE CAME FROM_____  DATE_____

### Ingredients

_____  
_____  
_____  
_____  
_____  
_____  
_____  
_____  
_____  
_____  
_____  

### Directions

_____  
_____  
_____  
_____  
_____  
_____  
_____  
_____  
_____  
_____  
_____

## ℛecipe

_____

Prep Time_____ Oven Temp._____ Cook Time_____ Serves_____

Recipe came from_____ Date_____

## 𝒥ngredients                    𝒟irections

# Recipe

_____

Prep Time_____  Oven Temp._____  Cook Time_____ Serves_____

Recipe came from_____  Date_____

## Ingredients

_____

_____

_____

_____

_____

_____

_____

_____

_____

_____

_____

_____

## Directions

_____

_____

_____

_____

_____

_____

_____

_____

_____

_____

_____

_____

RECIPE BOOK

## Recipe

_____

Prep Time_____ Oven Temp._____ Cook Time_____ Serves_____

Recipe came from_____ Date_____

### Ingredients

_____

_____

_____

_____

_____

_____

_____

_____

_____

_____

_____

_____

### Directions

_____

_____

_____

_____

_____

_____

_____

_____

_____

_____

_____

_____

## Recipe

_____

PREP TIME_____  OVEN TEMP._____  COOK TIME_____ SERVES_____

RECIPE CAME FROM_____  DATE_____

### Ingredients

_____
_____
_____
_____
_____
_____
_____
_____
_____
_____
_____

### Directions

_____
_____
_____
_____
_____
_____
_____
_____
_____
_____
_____

# ℛecipe

_____

Prep Time_____ Oven Temp._____ Cook Time_____ Serves_____

Recipe came from_____ Date_____

## ℐngredients                              ## 𝒟irections

## Recipe

_____

Prep Time_____ Oven Temp._____ Cook Time_____ Serves_____

Recipe came from_____ Date_____

### Ingredients

_____

_____

_____

_____

_____

_____

_____

_____

_____

_____

_____

_____

### Directions

_____

_____

_____

_____

_____

_____

_____

_____

_____

_____

_____

_____

RECIPE BOOK

## ℛecipe

_____

Prep Time_____  Oven Temp._____  Cook Time_____ Serves_____

Recipe came from_____  Date_____

## ℐngredients                              ## 𝒟irections

_____          _____
_____          _____
_____          _____
_____          _____
_____          _____
_____          _____
_____          _____
_____          _____
_____          _____
_____          _____
_____          _____

## Recipe

_____

PREP TIME_____ OVEN TEMP._____ COOK TIME_____ SERVES_____

RECIPE CAME FROM_____  DATE_____

### Ingredients

_____

_____

_____

_____

_____

_____

_____

_____

_____

_____

_____

### Directions

_____

_____

_____

_____

_____

_____

_____

_____

_____

_____

_____

# Recipe

_____

Prep Time_____ Oven Temp._____ Cook Time_____ Serves_____

Recipe came from_____ Date_____

## Ingredients

_____

_____

_____

_____

_____

_____

_____

_____

_____

_____

_____

_____

## Directions

_____

_____

_____

_____

_____

_____

_____

_____

_____

_____

_____

_____

## Recipe

_____

Prep Time_____ Oven Temp._____ Cook Time_____ Serves_____

Recipe came from_____ Date_____

### Ingredients

_____

_____

_____

_____

_____

_____

_____

_____

_____

_____

_____

_____

### Directions

_____

_____

_____

_____

_____

_____

_____

_____

_____

_____

_____

_____

## Recipe

_____

Prep Time_____ Oven Temp._____ Cook Time_____ Serves_____

Recipe came from_____ Date_____

### Ingredients

_____

_____

_____

_____

_____

_____

_____

_____

_____

_____

_____

_____

### Directions

_____

_____

_____

_____

_____

_____

_____

_____

_____

_____

_____

_____

## Recipe

_____

Prep Time_____  Oven Temp._____  Cook Time_____ Serves_____

Recipe came from_____  Date_____

### Ingredients

### Directions

## Recipe

_____

Prep Time_____  Oven Temp._____  Cook Time_____ Serves_____

Recipe came from_____  Date_____

### Ingredients

_____
_____
_____
_____
_____
_____
_____
_____
_____
_____
_____
_____

### Directions

_____
_____
_____
_____
_____
_____
_____
_____
_____
_____
_____
_____

# Recipe

_____

Prep Time_____ Oven Temp._____ Cook Time_____ Serves_____

Recipe came from_____ Date_____

## Ingredients

_____

_____

_____

_____

_____

_____

_____

_____

_____

_____

_____

_____

## Directions

_____

_____

_____

_____

_____

_____

_____

_____

_____

_____

_____

_____

# Recipe

_____

PREP TIME_____ OVEN TEMP._____ COOK TIME_____ SERVES_____

RECIPE CAME FROM_____    DATE_____

## Ingredients

_____
_____
_____
_____
_____
_____
_____
_____
_____
_____
_____
_____

## Directions

_____
_____
_____
_____
_____
_____
_____
_____
_____
_____
_____
_____

## Recipe

_____

Prep Time_____ Oven Temp._____ Cook Time_____ Serves_____

Recipe came from_____  Date_____

### Ingredients

_____

_____

_____

_____

_____

_____

_____

_____

_____

_____

_____

_____

### Directions

_____

_____

_____

_____

_____

_____

_____

_____

_____

_____

_____

_____

## $\mathcal{R}$ECIPE

_____

PREP TIME_____  OVEN TEMP._____  COOK TIME_____ SERVES_____

RECIPE CAME FROM_____   DATE_____

## $\mathcal{I}$NGREDIENTS                              $\mathcal{D}$IRECTIONS

_____          _____
_____          _____
_____          _____
_____          _____
_____          _____
_____          _____
_____          _____
_____          _____
_____          _____
_____          _____
_____          _____
_____          _____
_____          _____
_____          _____

## Recipe

_____

Prep Time_____  Oven Temp._____  Cook Time_____ Serves_____

Recipe came from_____  Date_____

### Ingredients

_____

_____

_____

_____

_____

_____

_____

_____

_____

_____

_____

_____

### Directions

_____

_____

_____

_____

_____

_____

_____

_____

_____

_____

_____

_____

## Recipe

_____

Prep Time_____ Oven Temp._____ Cook Time_____ Serves_____

Recipe came from_____ Date_____

## Ingredients

## Directions

## Recipe

_____

PREP TIME_____ OVEN TEMP._____ COOK TIME_____ SERVES_____

RECIPE CAME FROM_____ DATE_____

### Ingredients

_____
_____
_____
_____
_____
_____
_____
_____
_____
_____
_____

### Directions

_____
_____
_____
_____
_____
_____
_____
_____
_____
_____
_____

# Recipe

_____

Prep Time_____ Oven Temp._____ Cook Time_____ Serves_____

Recipe came from_____ Date_____

## Ingredients

## Directions

# Recipe

_____

Prep Time_____  Oven Temp._____  Cook Time_____ Serves_____

Recipe came from_____   Date_____

## Ingredients                              ## Directions

## ℛecipe

_____

Prep Time_____ Oven Temp._____ Cook Time_____Serves_____

Recipe came from_____  Date_____

## ℐngredients　　　　　　　　　　　　ᴅirections

# Recipe

_____

Prep Time_____  Oven Temp._____  Cook Time_____ Serves_____

Recipe came from_____  Date_____

## Ingredients

_____
_____
_____
_____
_____
_____
_____
_____
_____
_____
_____
_____

## Directions

_____
_____
_____
_____
_____
_____
_____
_____
_____
_____
_____
_____

# RECIPE BOOK

## $\mathcal{R}$ECIPE

_____

PREP TIME_____ OVEN TEMP._____ COOK TIME_____ SERVES_____

RECIPE CAME FROM_____  DATE_____

### $\mathcal{I}$NGREDIENTS                                              $\mathcal{D}$IRECTIONS

_____          _____
_____          _____
_____          _____
_____          _____
_____          _____
_____          _____
_____          _____
_____          _____
_____          _____
_____          _____
_____          _____
_____          _____

RECIPE BOOK

## ℛecipe

_____

Prep Time_____  Oven Temp._____  Cook Time_____ Serves_____

Recipe came from_____           Date_____

### ℐngredients                                    ### 𝒟irections

_____          _____
_____          _____
_____          _____
_____          _____
_____          _____
_____          _____
_____          _____
_____          _____
_____          _____
_____          _____
_____          _____
_____          _____
_____          _____

# RECIPE

_____

PREP TIME_____ OVEN TEMP._____ COOK TIME_____ SERVES_____

RECIPE CAME FROM_____  DATE_____

## INGREDIENTS

_____
_____
_____
_____
_____
_____
_____
_____
_____
_____
_____
_____

## DIRECTIONS

_____
_____
_____
_____
_____
_____
_____
_____
_____
_____
_____
_____

RECIPE BOOK

## ℛecipe

_____

Prep Time_____  Oven Temp._____  Cook Time_____ Serves_____

Recipe came from_____  Date_____

### ℐngredients                              ### 𝒟irections

# RECIPE

_____

PREP TIME_____ OVEN TEMP._____ COOK TIME_____ SERVES_____

RECIPE CAME FROM_____  DATE_____

## Ingredients

_____

_____

_____

_____

_____

_____

_____

_____

_____

_____

_____

_____

## Directions

_____

_____

_____

_____

_____

_____

_____

_____

_____

_____

_____

_____

## ℛecipe

_____

Prep Time_____ Oven Temp._____ Cook Time_____ Serves_____

Recipe came from_____ Date_____

### 𝓘ngredients         𝒟irections

_____     _____
_____     _____
_____     _____
_____     _____
_____     _____
_____     _____
_____     _____
_____     _____
_____     _____
_____     _____
_____     _____
_____     _____

# Recipe

_____

Prep Time_____ Oven Temp._____ Cook Time_____ Serves_____

Recipe came from_____  Date_____

## Ingredients

## Directions

# Recipe

_____

Prep Time_____ Oven Temp._____ Cook Time_____ Serves_____

Recipe came from_____  Date_____

## Ingredients

_____

_____

_____

_____

_____

_____

_____

_____

_____

_____

_____

_____

## Directions

_____

_____

_____

_____

_____

_____

_____

_____

_____

_____

_____

_____

# Recipe

_____

Prep Time_____ Oven Temp._____ Cook Time_____ Serves_____

Recipe came from_____ Date_____

## Ingredients

_____

_____

_____

_____

_____

_____

_____

_____

_____

_____

_____

## Directions

_____

_____

_____

_____

_____

_____

_____

_____

_____

_____

_____

RECIPE BOOK

## $\mathcal{R}$ECIPE

_____

PREP TIME_____ OVEN TEMP._____ COOK TIME_____ SERVES_____

RECIPE CAME FROM_____  DATE_____

### $\mathcal{I}$NGREDIENTS         $\mathcal{D}$IRECTIONS

_____   _____
_____   _____
_____   _____
_____   _____
_____   _____
_____   _____
_____   _____
_____   _____
_____   _____
_____   _____
_____   _____
_____   _____

RECIPE BOOK

# ℛecipe

_____

Prep Time_____ Oven Temp._____ Cook Time_____ Serves_____

Recipe came from_____ Date_____

## ℐngredients                                    ## 𝒟irections

_____                    _____

_____                    _____

_____                    _____

_____                    _____

_____                    _____

_____                    _____

_____                    _____

_____                    _____

_____                    _____

_____                    _____

_____                    _____

# Recipe

_____

Prep Time_____  Oven Temp._____  Cook Time_____ Serves_____

Recipe came from_____  Date_____

## Ingredients

_____

_____

_____

_____

_____

_____

_____

_____

_____

_____

_____

_____

## Directions

_____

_____

_____

_____

_____

_____

_____

_____

_____

_____

_____

_____

# RECIPE

_____

PREP TIME_____ OVEN TEMP._____ COOK TIME_____ SERVES_____

RECIPE CAME FROM_____    DATE_____

## INGREDIENTS

_____
_____
_____
_____
_____
_____
_____
_____
_____
_____
_____
_____

## DIRECTIONS

_____
_____
_____
_____
_____
_____
_____
_____
_____
_____
_____
_____

## Recipe

_____

Prep Time_____  Oven Temp._____  Cook Time_____ Serves_____

Recipe came from_____  Date_____

### Ingredients

_____
_____
_____
_____
_____
_____
_____
_____
_____
_____
_____
_____

### Directions

_____
_____
_____
_____
_____
_____
_____
_____
_____
_____
_____
_____

# Recipe

_____

PREP TIME_____ OVEN TEMP._____ COOK TIME_____ SERVES_____

RECIPE CAME FROM_____ DATE_____

## Ingredients

_____
_____
_____
_____
_____
_____
_____
_____
_____
_____
_____

## Directions

_____
_____
_____
_____
_____
_____
_____
_____
_____
_____
_____

## Recipe

_____

PREP TIME_____ OVEN TEMP._____ COOK TIME_____ SERVES_____

RECIPE CAME FROM_____  DATE_____

### Ingredients

_____

_____

_____

_____

_____

_____

_____

_____

_____

_____

_____

_____

### Directions

_____

_____

_____

_____

_____

_____

_____

_____

_____

_____

_____

_____

# Recipe

_____

Prep Time_____ Oven Temp._____ Cook Time_____ Serves_____

Recipe came from_____  Date_____

## Ingredients

_____

_____

_____

_____

_____

_____

_____

_____

_____

_____

_____

_____

## Directions

_____

_____

_____

_____

_____

_____

_____

_____

_____

_____

_____

_____

## RECIPE

_____

PREP TIME_____ OVEN TEMP._____ COOK TIME_____ SERVES_____

RECIPE CAME FROM_____ DATE_____

### INGREDIENTS

_____
_____
_____
_____
_____
_____
_____
_____
_____
_____
_____
_____

### DIRECTIONS

_____
_____
_____
_____
_____
_____
_____
_____
_____
_____
_____
_____

# Recipe

_____

Prep Time_____ Oven Temp._____ Cook Time_____ Serves_____

Recipe came from_____ Date_____

## Ingredients

_____

_____

_____

_____

_____

_____

_____

_____

_____

_____

_____

_____

## Directions

_____

_____

_____

_____

_____

_____

_____

_____

_____

_____

_____

_____

# Recipe

_____

PREP TIME_____ OVEN TEMP._____ COOK TIME_____ SERVES_____

RECIPE CAME FROM_____  DATE_____

## Ingredients

_____

_____

_____

_____

_____

_____

_____

_____

_____

_____

_____

_____

## Directions

_____

_____

_____

_____

_____

_____

_____

_____

_____

_____

_____

_____

RECIPE BOOK

## ℛecipe

_____

Prep Time_____ Oven Temp._____ Cook Time_____ Serves_____

Recipe came from_____    Date_____

## ℐngredients                                    ## 𝒟irections

_____          _____
_____          _____
_____          _____
_____          _____
_____          _____
_____          _____
_____          _____
_____          _____
_____          _____
_____          _____
_____          _____
_____          _____

RECIPE BOOK

## Recipe

_____

Prep Time_____ Oven Temp._____ Cook Time_____ Serves_____

Recipe came from_____  Date_____

### Ingredients

_____
_____
_____
_____
_____
_____
_____
_____
_____
_____
_____
_____
_____

### Directions

_____
_____
_____
_____
_____
_____
_____
_____
_____
_____
_____
_____
_____

# Recipe

_____

Prep Time_____  Oven Temp._____  Cook Time_____ Serves_____

Recipe came from_____  Date_____

## Ingredients

_____
_____
_____
_____
_____
_____
_____
_____
_____
_____
_____
_____

## Directions

_____
_____
_____
_____
_____
_____
_____
_____
_____
_____
_____
_____

## Recipe

_____

Prep Time_____  Oven Temp._____  Cook Time_____ Serves_____

Recipe came from_____  Date_____

### Ingredients

_____

_____

_____

_____

_____

_____

_____

_____

_____

_____

_____

_____

_____

### Directions

_____

_____

_____

_____

_____

_____

_____

_____

_____

_____

_____

_____

_____

# RECIPE

_____

PREP TIME_____ OVEN TEMP._____ COOK TIME_____ SERVES_____

RECIPE CAME FROM_____  DATE_____

## INGREDIENTS                                    DIRECTIONS

_____        _____
_____        _____
_____        _____
_____        _____
_____        _____
_____        _____
_____        _____
_____        _____
_____        _____
_____        _____
_____        _____

# RECIPE

_____

Prep Time_____ Oven Temp._____ Cook Time_____ Serves_____

Recipe came from_____ Date_____

## Ingredients

## Directions

## Recipe

_____

Prep Time_____  Oven Temp._____  Cook Time_____ Serves_____

Recipe came from_____    Date_____

### Ingredients

### Directions

## Recipe

_____

Prep Time_____ Oven Temp._____ Cook Time_____ Serves_____

Recipe came from_____ Date_____

### Ingredients

_____

_____

_____

_____

_____

_____

_____

_____

_____

_____

_____

_____

_____

### Directions

_____

_____

_____

_____

_____

_____

_____

_____

_____

_____

_____

_____

_____

# Recipe

_____

PREP TIME_____ OVEN TEMP._____ COOK TIME_____ SERVES_____

RECIPE CAME FROM_____    DATE_____

## Ingredients

_____

_____

_____

_____

_____

_____

_____

_____

_____

_____

_____

## Directions

_____

_____

_____

_____

_____

_____

_____

_____

_____

_____

_____

## Recipe

_____

Prep Time_____  Oven Temp._____  Cook Time_____ Serves_____

Recipe came from_____  Date_____

### Ingredients

_____

_____

_____

_____

_____

_____

_____

_____

_____

_____

_____

_____

_____

### Directions

_____

_____

_____

_____

_____

_____

_____

_____

_____

_____

_____

_____

_____

## Recipe

_____

Prep Time_____  Oven Temp._____  Cook Time_____ Serves_____

Recipe came from_____  Date_____

### Ingredients

_____
_____
_____
_____
_____
_____
_____
_____
_____
_____
_____
_____

### Directions

_____
_____
_____
_____
_____
_____
_____
_____
_____
_____
_____
_____

# Recipe

_____

Prep Time_____  Oven Temp._____  Cook Time_____ Serves_____

Recipe came from_____  Date_____

## Ingredients

## Directions

# RECIPE

_____

PREP TIME_____ OVEN TEMP._____ COOK TIME_____ SERVES_____

RECIPE CAME FROM_____  DATE_____

## Ingredients

_____
_____
_____
_____
_____
_____
_____
_____
_____
_____
_____

## Directions

_____
_____
_____
_____
_____
_____
_____
_____
_____
_____
_____

## Recipe

_____

Prep Time_____  Oven Temp._____  Cook Time_____ Serves_____

Recipe came from_____  Date_____

### Ingredients

_____
_____
_____
_____
_____
_____
_____
_____
_____
_____
_____
_____
_____

### Directions

_____
_____
_____
_____
_____
_____
_____
_____
_____
_____
_____
_____
_____

# Recipe

_____

Prep Time_____ Oven Temp._____ Cook Time_____ Serves_____

Recipe came from_____ Date_____

## Ingredients

_____
_____
_____
_____
_____
_____
_____
_____
_____
_____
_____

## Directions

_____
_____
_____
_____
_____
_____
_____
_____
_____
_____
_____

## Recipe

_____

Prep Time_____  Oven Temp._____  Cook Time_____ Serves_____

Recipe came from_____  Date_____

### Ingredients

### Directions

# Recipe

_____

Prep Time_____ Oven Temp._____ Cook Time_____ Serves_____

Recipe came from_____ Date_____

## Ingredients

_____

_____

_____

_____

_____

_____

_____

_____

_____

_____

_____

## Directions

_____

_____

_____

_____

_____

_____

_____

_____

_____

_____

_____

# Recipe

_____

Prep Time_____  Oven Temp._____  Cook Time_____ Serves_____

Recipe came from_____  Date_____

## Ingredients

## Directions

# Recipe

_____

Prep Time_____  Oven Temp._____  Cook Time_____ Serves_____

Recipe came from_____  Date_____

## Ingredients

## Directions

## Recipe

_____

Prep Time_____  Oven Temp._____  Cook Time_____ Serves_____

Recipe came from_____  Date_____

### Ingredients

### Directions

## Recipe

_____

PREP TIME_____ OVEN TEMP._____ COOK TIME_____ SERVES_____

RECIPE CAME FROM_____ DATE_____

### Ingredients

_____

_____

_____

_____

_____

_____

_____

_____

_____

_____

_____

### Directions

_____

_____

_____

_____

_____

_____

_____

_____

_____

_____

_____

RECIPE

_____

PREP TIME_____ OVEN TEMP._____ COOK TIME_____ SERVES_____

RECIPE CAME FROM_____ DATE_____

INGREDIENTS                                    DIRECTIONS

_____            _____
_____            _____
_____            _____
_____            _____
_____            _____
_____            _____
_____            _____
_____            _____
_____            _____
_____            _____
_____            _____

# Recipe

_____

PREP TIME_____ OVEN TEMP._____ COOK TIME_____ SERVES_____

RECIPE CAME FROM_____  DATE_____

## Ingredients

_____
_____
_____
_____
_____
_____
_____
_____
_____
_____
_____
_____

## Directions

_____
_____
_____
_____
_____
_____
_____
_____
_____
_____
_____
_____

# Recipe

_____

Prep Time_____  Oven Temp._____  Cook Time_____ Serves_____

Recipe came from_____  Date_____

## Ingredients

_____

_____

_____

_____

_____

_____

_____

_____

_____

_____

_____

_____

_____

## Directions

_____

_____

_____

_____

_____

_____

_____

_____

_____

_____

_____

_____

_____

# Recipe

_____

Prep Time_____ Oven Temp._____ Cook Time_____ Serves_____

Recipe came from_____ Date_____

## Ingredients

_____
_____
_____
_____
_____
_____
_____
_____
_____
_____
_____

## Directions

_____
_____
_____
_____
_____
_____
_____
_____
_____
_____
_____

## Recipe

_____

Prep Time_____ Oven Temp._____ Cook Time_____ Serves_____

Recipe came from_____ Date_____

### Ingredients

_____

_____

_____

_____

_____

_____

_____

_____

_____

_____

_____

_____

_____

### Directions

_____

_____

_____

_____

_____

_____

_____

_____

_____

_____

_____

_____

_____

# Recipe

_____

Prep Time_____  Oven Temp._____  Cook Time_____ Serves_____

Recipe came from_____  Date_____

## Ingredients

_____
_____
_____
_____
_____
_____
_____
_____
_____
_____
_____
_____

## Directions

_____
_____
_____
_____
_____
_____
_____
_____
_____
_____
_____
_____

## Recipe

_____

Prep Time_____ Oven Temp._____ Cook Time_____ Serves_____

Recipe came from_____  Date_____

### Ingredients

_____

_____

_____

_____

_____

_____

_____

_____

_____

_____

_____

### Directions

_____

_____

_____

_____

_____

_____

_____

_____

_____

_____

_____

## ℛecipe

_____

Prep Time_____ Oven Temp._____ Cook Time_____ Serves_____

Recipe came from_____ Date_____

### ℐngredients

### 𝒟irections

## Recipe

_____

PREP TIME_____  OVEN TEMP._____  COOK TIME_____ SERVES_____

RECIPE CAME FROM_____  DATE_____

### Ingredients

_____
_____
_____
_____
_____
_____
_____
_____
_____
_____
_____
_____

### Directions

_____
_____
_____
_____
_____
_____
_____
_____
_____
_____
_____
_____

DO YOU WANT TO TELL YOUR STORY AND LEAVE A LEGACY?

HERE IS THE LINK TO GET A FREE BOOK

# A Gift
# For You

As a thank you for buying this Elite Recipe Book, enjoy this special gift. The #1 bestselling Story Starter book from Elite Online Publishing, written by Melanie Johnson and Jenn Foster.

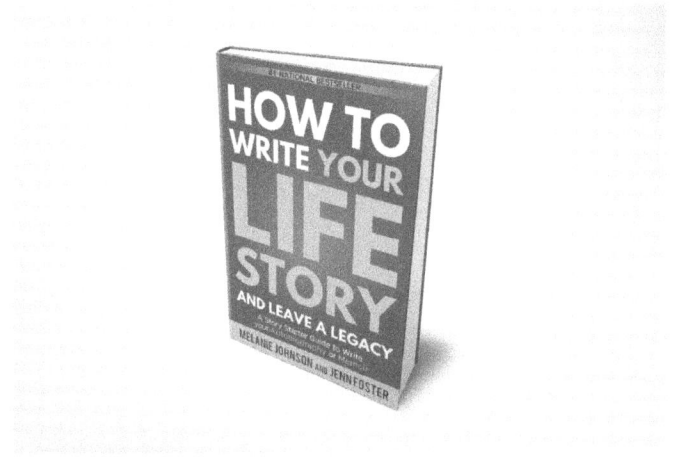

We are Elite Online Publishing, Authority In Every Word. Writing is just the beginning. How will your book empower you to smartly grow your brand, business, and credibility? Partner with a team of publishers who deliver a high-touch and high-impact experience for creating, publishing, and marketing your #1 bestselling book. We are passionate about more than telling great stories. We are adamant about proving the value of your perspective and expertise by ensuring you become a #1 bestselling author. In fact, We guarantee it.

# Follow Elite Online Publishing

Facebook -@EliteOnlinePublishing

LinkedIn - EliteOnlinePublishing

Twitter - @BookWriting1

Google+ - +EliteOnlinePublishing

Blog - EliteOnlinePublishing.com/blog

Website - EliteOnlinePublishing.com

Podcasts
**Elite Expert Insider Podcast**
EliteOnlinePublishing.com/expert-insider
**Elite Publishing Podcast**
EliteOnlinePublishing.com/elite-podcast

YouTube
@EliteOnlinePublishing1

# The Kitchen is the Heart of the Home

# GOD BLESS THIS HOME